MANUEL

du

Marionnettiste
Amateur ...

PAR

GASTON CONY

FONDATEUR DE "NOS MARIONNETTES"

Prix net : 1 fr. 25

Édition A. COURMES, Directeur de L'ARTISTIQUE-REVUE

17, Rue de la Paix — NICE

À LA MÉNAGÈRE

NICE

MAISON VENDANT DE TOUT

RÉCLAMES

à tous les Rayons tous les Lundis

SEULE DÉPOSITAIRE

DES GUIGNOLS & MARIONNETTES

FABRIQUÉS SPÉCIALEMENT

POUR L'ŒUVRE DES "MARIONNETTES

(GUIGNOL DE LA GUERRE)

BESSON et Cie, à Nice

Manufacture de Jouets en Bois

PLUMIERS - BOÎTES À DESSIN - TIRE-LIRE - SEAUX
RATEAUX - PELLES - MAILLETS - TROTTINETTES - BUFFETS
ARMOIRES - FOURNEAUX - TABLES - CHAISES - WAGONNETRUCS

Seul Fabricant des Guignols et Marionnettes
Modèles de l'Œuvre des "Marionnettes" (guignol de la guerre)

ORFÈVRERIE MAROQUINERIE

Mappin & Webb, Ltd

8, AVENUE DE VERDUN,

NICE

ARTICLES SPÉCIAUX POUR ENFANTS

MANUEL

du

Marionnettiste

.. Amateur ..

PAR

GASTON CONY

FONDATEUR DE "NOS MARIONNETTES"

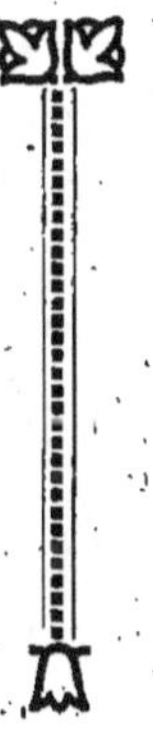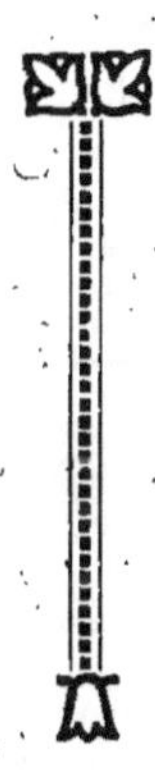

Prix net : 1 fr. 25

Edition **A. COURMES**, Directeur de l'ARTISTIQUE-REVUE

17, Rue de la Paix - NICE

Manuel du Marionnettiste Amateur

AUX LECTEURS

Mon intention, en écrivant ce manuel, n'est pas de faire
preuve de connaissances littéraires, je n'en ai d'ailleurs ni
le temps ni les moyens, mais simplement offrir aux amateurs et admirateurs de Guignol, un guide pratique et sûr
à l'aide duquel ils seront initiés rapidement à la délicate et
mystérieuse manœuvre des marionnettes.

Désirant être compris de tous, je remplacerai les paroles
inutiles par des petits dessins à la plume qui ne seront
peut-être pas trop jolis, mais qui auront l'avantage de rendre
mes explications plus claires et plus précises.

Malgré mon désir de former des adeptes expérimentés, je
n'ai pas la prétention d'en faire incontinent des marionnettistes ayant le génie d'un Mourguet, la compétence d'un
Rousset, le talent d'un Darthenenay, l'ingéniosité d'un Séra-
phin ou la fine érudition d'un Lemercier de Neuville, je
me bornerai donc à leur inculquer quelques bonnes notions
générales et je leur apprendrai ensuite, en détail, la manière
de jouer convenablement Guignol en indiquant les meil-
leurs moyens de mettre à exécution les principes de ce petit
art qui, tout en les récréant eux-mêmes, leur permettra de
divertir agréablement de nombreux spectateurs. Je dévoi-
lerai tous les trucs, je divulguerai toutes les ficelles, je

révélerai les mille et un secrets des coulisses qu'on emploie pour donner l'illusion et obtenir le succès.

Pour devenir guignoliste — c'est ainsi qu'on appelle les opérateurs de Guignol — il n'est nullement besoin d'avoir des aptitudes spéciales : de la mémoire, un brin d'imagination et surtout la volonté d'amuser son public sont les facteurs les plus indispensables. Cependant, les personnes ayant le bonheur de posséder un caractère enjoué, la parole assez facile, l'amour du théâtre et un peu d'esprit, parviendront plus facilement que d'autres à d'heureux résultats. Mais je suis certain, chers lecteurs, que vous avez amplement toutes les qualités voulues pour faire d'excellents guignolistes, aussi, mettez-vous donc courageusement à l'œuvre et lorsque vous aurez lu les lignes qui suivent, vous pourrez, après quelques répétitions préliminaires, frapper hardiment les trois coups et lever le rideau.

GASTON CONY.
Président-Fondateur de *Nos Marionnettes*.

LES COULISSES DE GUIGNOL

I

LE THÉÂTRE

Si, après avoir vu fonctionner un théâtre guignol quelconque de l'enceinte réservée au public, nous ouvrons une petite porte dissimulée sur un des côtés de la baraque, malgré les amples dimensions de celle-ci, on reste ahuri de voir le peu de place réservée à l'intérieur pour s'y mouvoir. Mais, la curiosité ne connaissant pas d'obstacle, baissons la tête, courbons l'échine et entrons visiter la demeure de notre marionnette nationale.

Attention !... casse-cou !... à nos pieds surgit brusquement un trou béant profond d'une cinquantaine de centimètres et occupant la presque totalité du plancher. Ce trou, en terme de métier — Guignol a, lui aussi, son langage des coulisses — s'appelle la « fosse ». Cette fosse permet au guignoliste d'opérer debout sans que le niveau de la scène du théâtre, qui est toujours à la hauteur de sa tête, soit pour cela trop élevée du niveau du sol. Lorsque cette fosse ne peut exister, tel est le cas, quand on emploie un théâtre pliant pour salons, le guignoliste opère généralement assis. Il existe également des théâtres de ce genre avec lequel on peut opérer debout, mais alors la scène étant obligatoirement plus élevée du niveau du sol (hauteur variant selon la taille du guignoliste), les spectateurs sont obligés de lever la tête d'une façon exagérée, ce qui, pour peu que la représentation se prolonge, n'est pas sans devenir un exercice assez fatiguant. Cependant, beaucoup de guignolistes, et nous sommes du nombre, jouent plus facilement debout qu'assis. Je conseille donc à ceux-là de ne pas changer leur manière de faire si la bonne interprétation des pièces doit y gagner, car lorsque le public s'amuse, il oublie aisément la gêne qui lui est imposée.

On le voit, tout ceci se résume en une petite question d'appréciation et de convenances personnelles que la pratique des marionnettes permet seule d'établir.

II

LA SCÈNE

La scène est la partie principale d'un théâtre guignol. Toujours entourée d'un magnifique cadre doré, ses dimensions varient suivant celles du théâtre dans laquelle elle est enchassée comme un rubis.

La scène de mon guignol du parc des Buttes-Chaumont, par exemple, est une des plus belles de Paris. Elle mesure 1 m. 90 de long, 1 m. 10 de haut et près de 3 mètres de profondeur. La scène des théâtres guignols lyonnais est très grande, surtout très longue, car les pièces qu'on y représente exigent la présence de nombreux personnages en scène et par conséquent le concours de plusieurs guignolistes.

Quelles qu'elles soient, toutes les scènes sont pourvues de deux choses indispensables : Une planche de travail et un rideau d'avant-scène.

La planche de travail est une planche large d'une vingtaine de centimètres, placée à plat et horizontalement, au niveau de la scène, dans toute sa longueur. Elle sert à déposer les accessoires nécessaires aux personnages pendant le cours de la représentation.

Quant au rideau d'avant-scène, il se compose simplement d'une toile peinte qu'on lève ou qu'on abaisse pour découvrir ou cacher la scène aux spectateurs. Il est monté sur un rouleau de bois actionné par une ficelle placée dans un coin du théâtre, à la portée de la main du guignoliste.

Le rideau d'avant-scène, doit toujours être d'une nuance différente de celle de la teinte générale du théâtre, afin que la scène se détache nettement de l'ensemble. Le rouge est la couleur classique et consacrée.

Il existe également des rideaux en velours ou en étoffe dits « à l'italienne ». Les uns s'ouvrent par le milieu à l'aide de deux cordons passant dans des pitons fixés, à hauteur convenable, à l'intérieur du théâtre. Les autres, munis d'anneaux, glissent sur une tringle et forment coulisses. Quoique très commodes et très artistiques, ces sortes de rideaux ne sont guère employés pour les théâtres guignols.

III

LES DÉCORS

Les décors se divisent en trois parties : les fonds, les coulisses et les frises.

Les fonds ou toiles de fond, sont des toiles peintes montées sur des rouleaux de bois munis à chaque bout d'un gros clou ou d'une vis formant axe. On les appelle fonds, parce qu'ils occupent toujours le fond de la scène. Ils sont un peu plus grands que celle-ci, afin qu'il n'y ait pas de « découverte » entre eux et les coulisses qui prennent place de chaque côté de la scène pour en compléter la décoration.

Les coulisses sont de simples châssis en bois recouverts de toile. On les fabrique encore avec de minces planchettes en bois découpés. Elles doivent être très légères et aussi pittoresques que possible. Quant aux frises, ce sont des bandes de toile peintes en rouge ou en bleu ciel selon qu'il s'agit de représenter un « intérieur » ou un « plein-air ».

Vus de près, aux yeux d'un profane, les décors semblent inachevés, primitifs, rudimentaires et grossièrement peints. On se demande même avec stupéfaction si ce sont bien les mêmes décors qu'on admirait de la salle, quelques minutes auparavant.

Hélas !... à Guignol tout est factice. Encore bien plus qu'au théâtre, puisqu'il faut même donner l'illusion de la vie aux acteurs.

Qu'un décor représente un « intérieur », c'est à dire : une salle d'auberge, un salon, un grenier, un vestibule, etc., ou un « plein-air », c'est-à-dire : une rue, une forêt, un jardin ou une place publique quelconque, il doit être d'un style approprié au sujet dans lequel l'action des pièces se déroule.

Les décors sont peints en détrempe et à l'huile lorsqu'ils risquent d'être exposés aux intempéries. Les plus célèbres décorateurs de l'Opéra ou de le Comédie Française se font parfois fournisseurs de Guignol. La splendide collection de décors que possède le *Guignol de la Guerre* en témoigne.

Pour les théâtres pliants exigeant un montage et démontage extra-rapide, les décors sont accrochés tout bonnement à l'aide de ficelles, crochets, pitons, etc. Mais, pour les théâtres fixes, la manœuvre des décors s'effectue de différentes façons. Examinons-les séparément.

Le moyen le plus simple pour faire fonctionner un fond est de le suspendre dans le haut du théâtre à l'aide de deux barres de bois munis de gros pitons dans lesquels glissent les clous ou les vis formant les axes du rouleau supérieur de ce fond (voir figure n° 1). Le bas du fond est garni également d'un rouleau de bois ou mieux encore d'une tringle en fer assez lourde pour tenir le fond rigide. Le rouleau supérieur d'un fond étant, de chaque côté, d'une dizaine de centimètres plus long que la toile, cette partie libre permet d'y entourer une ficelle qui, passant par une petite roulette vissée dans le fond du théâtre, est amarrée à un morceau de bois formant fiche placé beaucoup plus bas. On comprend donc facilement la manœuvre. Lorsqu'on a besoin de descendre un fond, il suffit de déficher la ficelle qui s'entoure automatiquement autour du rouleau de bois supérieur du fond, au rouleau inférieur. La pièce ou le tableau terminés, pour « remonter » le fond, on effectue la manœuvre inverse. On tire sur la ficelle et le fond se roule de lui-même sur le rouleau supérieur. Une fois la ficelle tirée à bout, on n'a plus qu'à l'amarrer à nouveau à la fiche et l'opération est faite.

Etant roulés, les fonds tiennent très peu de place, on peut donc en disposer une grande quantité à la suite des uns des autres. Rien de plus simple alors pour effectuer un changement de fonds. On baisse d'avance plusieurs fonds en ayant soin de mettre, en commençant par l'avant-scène, ceux qui doivent disparaître les premiers. Lorsque le moment voulu est arrivé, on tire sur la ficelle du premier fond et celui-ci disparaissant démasque le deuxième fond qui se trouve placé derrière. Quand on veut, à nouveau, changer de fond, on tire sur la ficelle du deuxième fond, celui-ci disparait à son tour et découvre le troisième et ainsi de suite. Il existe encore un système très pratique pour rouler les fonds, le voici : .

La partie supérieure de la toile est montée sur un rouleau fixe suspendu, comme l'indique notre figuré n° 2 ; de chaque côté du rouleau inférieur du fond sont enroulées deux ficelles passant par deux pitons fixés dans le rouleau supérieur. Ces deux ficelles sont ensuite passées dans une roulette vissée à la droite ou à la gauche du théâtre. Une fiche placée dans le bas complète l'installation. La manœuvre est la même que celle indiquée précédemment, seulement, quand on tire sur les ficelles, la toile s'enroule autour du rouleau inférieur au lieu de s'enrouler autour du rouleau supérieur. Pour les changements de décors à vue, ce dernier procédé est préférable au précédent, car il est plus silencieux et plus naturel. En effet, il semble plus logique de voir s'enrouler un fond sur lui-même que de voir un appartement ou une forêt monter brusquement dans l'espace. Mais ce n'est pas tout, il comporte également celle des coulisses qui doit s'effectuer simultanément.

Les coulisses sont disposées sur deux rangs. Le premier rang comporte deux coulisses peintes en rouge appelées « manteaux d'Arlequin ». Elles sont fixes, on ne les déplace que très rarement. Les coulisses du deuxième rang qui sont à une certaine distance des manteaux d'arlequin, changent toujours avec le fond. Elles sont munies de forts crochets en fer afin qu'elles puissent être accrochées facilement, lorsqu'on n'a pas besoin de changer de décors pendant la représentation, à une barre de bois traversant le haut du théâtre dans toute sa longueur (figure n° 3). Dans le cas contraire, on les accroche à quatre petits chariots à roulettes construits comme l'indique la figure n° 4. Ces quatre chariots sont reliés entre eux par des ficelles croisées. Il suffit donc de tirer sur une de ces ficelles pour faire avancer et par conséquent faire apparaître deux coulisses tandis que celles qui étaient en scène reculent et disparaissent automatiquement.

Cette manœuvre s'effectue en un clin d'œil. Rien de plus simple alors que de faire un changement à vue. On tire d'une main la ficelle actionnant un fond et, de l'autre, celle manœuvrant les coulisses.

Il existe également un autre système de changement de coulisses. La figure n° 5 en fera de suite comprendre la manœuvre. Ce sont deux coulisses montées dos à dos sur un support tournant. Lorsqu'on désire changer de coulisses, il n y a qu'à tourner les supports rapidement. Malgré les avantages que présente cette combinaison, je ne la recommande guère, car elle est d'abord peu gracieuse et nécessite le concours de deux personnes pour effectuer un changement à vue.

En principe, les frises doivent changer avec les décors. Le fonctionnement de celles-ci est fort simple. Elles sont suspendues dans le haut du théâtre par des ficelles passant par des pitons (figure n° 6). Il suffit donc de tirer sur ces ficelles ou de les lâcher pour que les frises montent ou descendent.

IV

LES PERSONNAGES

Qu'ils portent le costume d'un gendarme, d'un commissaire, d'une concierge ou tout autre travertissement, le mécanisme intérieur des personnages de Guignol est toujours le même. D'ailleurs, il est fort peu compliqué : prenez une tête en bois ou en carton percée intérieurement d'un trou de la dimension du doigt et fixez-là solidement à une robe munie de deux bras, voilà un guignol fabriqué. L'habileté du guignoliste fait tout le reste.

Pour donner à un personnage l'illusion d'un être vivant, il suffit de fourrer, comme dans un gant, la main droite ou la main gauche dans sa robe, de replier l'annulaire et le petit doigt contre la paume de la main et de rentrer ensuite l'index dans le trou aménagé de la tête, tandis que le pouce et le médius prennent place dans les bras (figure n° 7). Ceci fait, à l'aide de ces trois doigts, on peut le faire saluer, tourner, danser, applaudir, pleurer, rire... oui, oui, parfaitement, vous pouvez faire rire ou pleurer un personnage, seulement ces expressions sont mimées, car les marionnettes ne peuvent traduire que par les gestes tous les sentiments de l'âme, comme elles soulignent de la même façon, toutes les paroles qu'elles sont sensées prononcer.

En dehors de l'exécution de la tête qui est plus ou moins belle, plus ou moins originale ou plus ou moins grosse, la manière d'habiller les personnages est une question très importante, car pour qu'ils obéissent parfaitement aux divers mouvements des doigts qui les animent, il faut qu'ils soient confectionnés selon certaines règles, afin qu'ils puissent prendre, porter et manipuler, sans la moindre gêne, tous les accessoires nécessaires, tout en étant assez robustes pour résister à l'usure d'une perpétuelle manœuvre.

Tous les personnages sont extérieurement pourvus d'un gros crochet cousu au bas de la robe de chacun d'eux. Ce qui permet de les accrocher, la tête tournée vers le sol, à un fil de fer appelé « tringle », tendu devant le guignoliste, à la hauteur de sa ceinture, dans toute la longueur du théâtre. Cette tringle permet de prendre un personnage d'une seule main ou de le lâcher rapidement, sans avoir besoin de l'autre main qui peut continuer à faire mouvoir un second personnage en scène.

Suivant la richesse des costumes, les personnages font plus ou moins d'effet. Cependant, à la lumière, surtout si les têtes de ceux-ci sont pourvues d'yeux en verre ou en émail l'illusion est complète. Ils ont l'air de remuer les lèvres, de sourire, de grimacer, en un mot, de vivre réellement.

Lorsqu'il s'agit de jouets destinés aux enfants, les têtes des personnages sont en carton, mais cette matière, si forte soit-elle, ne résistant guère aux énergiques et vigoureuses bastonnades dont ils sont parfois l'objet, on les fabrique presque toujours en bois. Ensuite, pour leur donner une apparence humaine, on les peinturlure avec des couleurs à l'eau ou à l'huile. Plus loin, dans nos conseils pratiques, nous reparlerons de l'usage de ces couleurs.

Contrairement aux petites poupées des enfants qui nous arrivaient, avant la guerre, un peu trop souvent d'outre-Rhin, les personnages de Guignol ont toujours été fabriqués en France.

Il existait jadis, à Paris, non loin de la porte St-Martin, un sculpteur de talent appelé Ferry qui s'était spécialisé dans la confection des personnages de théâtres guignols. C'était le seul artiste capable de fournir les guignolistes amateurs et professionnels, car pour extraire d'un bloc de bois la tête d'un bonhomme quelconque, il ne suffit pas d'être un sculpteur émérite, il faut, avant tout, avoir le feu sacré pour cet art et connaître à fond les différents types des personnages à représenter.

Aussi, quand Ferry mourut, sa disparition jeta le trouble parmi les opérateurs de Guignol. Qui fabriquerait désormais les personnages dont ils auraient besoin ?... Courageusement l'auteur de cet ouvrage se mit à l'œuvre. Pendant de longs mois, il mania sans relâche la gouge et le ciseau et, après

bien des tâtonnements, de perfectionnements en perfectionnements, malgré toute sa modestie à cet égard, il est forcé
de convenir que le succès répondit à ses efforts. Actuelle-
ment encore, Gaston Cony est l'unique artiste sculptant et
habillant lui-même les personnages qu'il fait mouvoir.

V

LES ACCESSOIRES

On appelle accessoires, les objets servant aux personnages pour l'interprétation des pièces. Ainsi, l'accessoire
favori de Guignol est son bâton. Ce bâton, long de trente à
trente-cinq centimètres, est fait en bois blanc ou, ce qui est
préférable, en cornouiller. Il exige une préparation indispensable, afin que les coups qu'il distribue parfois avec un peu
trop de vigueur et de prodigalité, soient très sonores et très
retentissants, tout en endommageant le moins possible les
têtes des personnages. Pour cela, ce bâton est scié en croix
dans le sens de la longueur jusqu'au tiers environ de son
étendue figure n° 8). Ce qui produit un bruit sec et donne
l'illusion d'un coup de bâton formidable, lorsqu'en réalité,
il n'en est rien. D'autant plus qu'on doit toujours donner
les coups de bâton de la façon d'un coup de fouet, c'est à
dire avec une certaine retenue dans le mouvement. Quoique
paradoxale, il faut donc frapper fort, mais doucement. Il
est essentiel, lorsqu'on bâtonne un personnage, d'avoir le
soin de ne le frapper que derrière la tête, car autrement,
on risque fort de lui briser les yeux et de lui casser les
oreilles, le nez, les lèvres, etc... On augmente encore davan-
tage le bruit obtenu par le bâton, en tapant, avec le pied,
sur plusieurs feuilles de tôle supperposées, accrochées au
milieu et dans le bas du théâtre.

Comme accessoires, on se sert également de matelas
minuscules, de meubles nains, d'ustensiles de cuisine lili-
putiens, d'armes microscopiques, etc., etc... Tous ces objets,
proportionnés à la grandeur des personnages, doivent être,
malgré cela, la reproduction fidèle des objets véritables
qu'ils représentent. C'est pourquoi, le maniement des accessoires demande une certaine habileté, car il faut faire exécuter
exactement, aux personnages, les gestes qu'emploieraient des

êtres vivants pour remuer les mêmes objets en grandeur natu relles.

Certains accessoires, les pièces de monnaie par exemple, sont trop petites pour que les spectateurs les distinguent et que les personnages puissent les prendre. Ils sont donc forcément imaginaires. Seuls, les gestes des marionnettes les désignent.

Tout bon guignoliste doit posséder un petit accessoire appelé « pratique », appareil imitant admirablement la voix de Polichinelle, à l'aide duquel il tire des sons bruyants et nazillards qui font la joie des spectateurs, surtout lorsqu'ils sont accompagnés de l'apparition subite d'un superbe Polichinelle faisant office de régisseur et venant souhaiter la bienvenue au public, sitôt après le lever du rideau.

La « pratique » du guignoliste se compose de deux lames en bois très dur ou en os réunis entre elles par un solide cordon (figure n° 9). Elle se place dans la bouche, entre la langue et le palais.

A ce propos, contons la plaisante aventure survenue, vers 1830, au fin et spirituel lettré qu'était Charles Nodier.

On sait que le charmant écrivain affectionnait tout particulièrement les marionnettes, aussi fréquentait-il tous les théâtres guignols parisiens installés dans les jardins publics de la capitale. Il s'y amusait d'ailleurs comme un enfant.

— Cela doit être bien difficile de faire la voix de Polichinelle ?... demande-t-il un jour au tenancier d'une de ces baraques.

— Ma fois, non, Monsieur, avec la « pratique ».

— La pratique ?...

— Oui, c'est ce petit instrument que l'on se met dans la bouche pour parler du nez.

Nodier aussitôt s'empare de la « pratique » et s'efforce de parler comme Polichinelle.

— Mais, dites-moi, cela doit s'avaler bien facilement ?...

— Oh !... Monsieur, cela n'a aucune importance, elle ressort par les voies naturelles. Ainsi celle que vous avez dans la bouche, je l'ai déjà avalée au moins cinq ou six fois !...

<h2 style="text-align:center">VI</h2>

<h2 style="text-align:center">LES PIÈCES</h2>

Scénettes, farces, pochades, comédies, opérettes, parodies, féeries, drames burlesques ou vaudevilles, en plusieurs actes ou plusieurs tableaux, le guignoliste doit choisir avant tout les pièces qui lui conviennent le mieux, car il aura beaucoup plus de goût et de plaisir à les représenter que d'autres, aussi leur interprétation en subira certainement les plus heureux effets. Pourtant, il doit effectuer ce choix de telle sorte que son répertoire soit toujours en rapport avec la composition variable de son public. Ainsi, s'il opère devant une assemblée composée de grandes personnes, il devra jouer des comédies spirituelles ayant un fond assez sérieux. S'il opère devant des jeunes gens, il devra donner des pièces instructives, morales et franchement gaies. S'il opère devant des petits enfants, il devra employer des pièces un peu simplettes. Maintenant, s'il opère devant un auditoire varié, composé de grandes personnes et d'enfants, il devra jouer d'abord une pièce sérieuse et toujours terminer par une pièce comique.

Avant de commencer une représentation, on ne doit jamais oublier d'annoncer, soit à l'aide d'un régisseur à la tenue noire impeccable ou d'un brillant polichinelle enrubané, le titre de la pièce qu'on va représenter, car ce titre éveille la curiosité des spectateurs, force leur attention et les prédispose déjà favorablement.

Sans contredit, les meilleures pièces de théâtre guignol sont les pièces qui furent écrites jadis par Laurent Mourguet lui-même ou ses descendants : *Le Déménagement, Les Frères Coq, Les Valets à la Porte, Le Dentiste, Le Portrait de l'Oncle, Les Souterrains du Vieux Château*, etc., sont d'inimitables chefs-d'œuvres. Malheureusement ces pièces ne peuvent êtres jouées qu'avec le concours de deux ou trois guignolistes. Aussi, les amateurs de Guignol qui ont besoin d'un entraînement rationnel et d'un entraînement progressif ne peuvent les utiliser pour effectuer leurs études en cet art. — De plus ces ouvrages coûtent assez cher. C'est pour ces diverses raisons que nous ferons bientôt paraître un recueil populaire qui ne contiendra que des pièces morales, récréatives et désopilantes, pouvant être jouées seul, par un débutant, sans aucune difficulté. Ce sera la véritable méthode de l'élève guignoliste.

L'Artistique-Revue, qui paraît à Nice, 17, rue de la Paix, sous l'habile direction de M. A. Courmes, contient également, dans chaque numéro, une pièce du répertoire de *Nos Marionnettes*.

VII

LE GUIGNOLISTE

Les marionnettistes compétents qui sont passés maîtres dans l'art de faire parler et mouvoir les marionnettes ne se remplacent pas. On devient guignoliste, mais on naît marionnettiste.

Le marionnettiste, c'est l'homme de métier, le professionnel expert et documenté, aimant passionnément son art et ne travaillant que pour le répandre et le vulgariser. Véritablement doué, il crée, invente, produit, imagine. Il a toutes sortes de talents, en un mot, c'est un artiste.

Le guignoliste, lui, est un monsieur quelconque qui joue parfois, souvent même, très agréablement guignol, mais sans y rechercher autre chose qu'un spirituel passe-temps, qu'une sources de saines distractions, qu'un ingénieux moyen de se récréer et, par là même, de faire plaisir à ses amis et connaissances.

Bien que les marionnettes à main, comme la prestidigitation, etc., aient pris naissance dans les foires et lieux publics, les opérateurs de guignol ne sauraient être assimilés aux casseurs de pierre ou aux montreurs d'ours, ce ne sont ni des charlatans, ni des saltimbanques, ce sont d'habiles comédiens ayant un rôle magnifique à remplir.

En effet, Guignol est l'amuseur officiel de la jeunesse. La ville de Paris lui offre à demeure l'hospitalité de ses jardins, l'enseignement lui ouvre chaque jour les portes de ses facultés, de ses lycées, de ses colléges, de ses nombreuses écoles et institutions, de ses patronages, etc...

Tous les gens riches l'admettent dans leurs salons, toutes les municipalités et sociétés de France dans leurs fêtes. Il prend place dans tous les cercles, dans tous les théâtres, dans tous les casinos. Guignol connait tous les honneurs, toutes les sympathies. Il ralie tous les suffrages, c'est l'enfant gâté du public.

Mieux encore, tout en divertissant, sous une forme indirecte, humoristique et bouffonne, il inculque aux enfants l'amour du théâtre. Il les éduque, les instruit, les prépare à affronter gaiement toutes les traverses de la vie. Aucun conseil, aucune leçon, ne sont mieux écoutés, mieux compris, mieux retenus et plus profitables que les siens.

Et quelle joie, quel plaisir, quelle fierté secrète ressent alors le vrai guignoliste, quand il voit ses œuvres savourées, ses petits pantins admirés et contemplés avec extase par des milliers de grands yeux bleus et lorsqu'il s'entend applaudir lui-même par de non moins nombreuses menottes délicieusement roses. Pour ma part, je ne connais pas de bonheur plus légitime, de sensation plus douce, d'impression plus réconfortante.

COMMENT ON JOUE GUIGNOL

I

LE JEU

Quand votre théâtre est monté selon les règles, vos personnages accrochés méthodiquement, vos décors mis en place et prêts à fonctionner, vos accessoires préparés et déposés avec ordre sur une petite planchette fixée devant vous ou sur une chaise placée à proximité de la main, afin de pouvoir s'en emparer facilement au moment opportun, vous pouvez commencer la représentation, après avoir pris toutefois le soin de relever vos manches jusqu'aux coudes, car lorsqu'on glisse précipitamment la main dans la robe d'un personnage, il faut quelle ne rencontre aucun obstacle.

En général, les personnages entrant par la droite sont tenus par la main droite, ceux qui font leur entrée à gauche sont tenus par la main gauche. Si, selon la pièce qu'on représente, un personnage entré par la droite est obligé de sortir par la gauche, le guignoliste tourne le dos au public et le personnage passe alors naturellement à gauche et vice versa.

Quand les personnages sont en scène, il faut s'habituer à les tenir droits et assez haut pour qu'ils soient bien en vue du public qui doit les voir au moins jusqu'à mi-corps. On doit surtout prendre gardé de ne point les faire entrer ou sortir autrement que par les coulisses et se méfier de la fatigue provenant des bras tenus constamment en l'air, car elle tend à vous faire baisser les bras petit à petit, c'est ce qui s'appelle « descendre à la cave ». Alors les spectateurs n'aperçoivent bientôt plus que la tête des personnages. Cette fatigue n'est pas très pénible, à la longue; on en prend l'habitude et puis, par intermittence, on a la planche de travail pour se reposer. On peut y appuyer légèrement ses poignets, cela donne même le moyen de repérer si les personnages sont tenus à la hauteur voulue. Cependant, il ne faut pas trop abuser de ce procédé, car un guignol immobile perd instantanément tout son charme. Il redevient ce qu'il est, c'est-à-dire un vulgaire assemblage de bois et d'étoffe, un corps vide, une loque inerte sans âme et sans attrait. De même, on doit laisser très rarement la scène sans personnage, car cela produit toujours un effet détestable. Il est donc nécessaire de bien régler et de bien coordonner d'avance tous ses mouvements, afin d'aller très vite pour prendre, quitter ou changer un personnage ou un accessoire pour un autre.

La manœuvre du bâton, plus que celle de tous les accessoires du même genre : plumeaux, casseroles, balais, etc., demande un peu plus d'exercice et de dextérité. Pour le bien manier, il doit être saisi fortement par les deux doigts actionnant les bras du personnage. De cette façon, tenu en biais, il repose sur l'épaule du personnage et s'appuie contre la paume de la main formant la poitrine de celui-ci. On est donc certain de ne pas le laisser glisser ni échapper. Pour lui faire exécuter des moulinets, le jeter en l'air et le rattraper au vol après lui avoir fait faire plusieurs tours dans l'espace, etc... Cela demande évidemment un peu d'adresse, mais avec de la patience, on arrivera bientôt à effectuer toutes sortes de fantaisies avec une remarquable maestria.

II

LE TEXTE

Un théâtre guignol ne comportant pas de souffleur pour suppléer aux défaillances de mémoire, il est donc indispensable de connaître par cœur le texte de la pièce qu'on veut représenter. Cependant, pour bien jouer, il ne suffit pas de débiter intégralement le texte d'une pièce, au contraire, selon les circonstances, tout en respectant son canevas, il faut, autant que possible, donner libre cours à sa fantaisie et à son imagination personnelle, il en résulte ainsi de véritables trouvailles qui participent beaucoup à obtenir le succès final.

A ce sujet, je ne saurais trop recommander, je ne parle pas ici pour mes lecteurs qui sont certainement trop avisés et trop convenables pour faillir sur ce point, de ne pas laisser échapper, dans la chaleur de l'action, de paroles communes ou déplacées qui, bien qu'admises dans le langage courant, ne sauraient être tolérées en public.

Certains guignolistes, ou du moins se donnant comme tels, oublient parfois singulièrement ce principe. Ils emploient alors un baragouinage de mauvais goût en le corsant même de gestes frisant la grossièreté, dans l'intention de faire rire leurs spectateurs. Ces prétendus guignolistes, indignes du titre qu'ils usurpent, sont des gens sans aucun talent. Leurs incongruités ne parviennent même pas à dérider les enfants et sont très sévèrement jugées par les grandes personnes, aussi sont-ils appréciés à leur juste valeur.

Certes, il n'est pas dû à tout le monde d'être éloquent et d'avoir *ex abrupto* de la verve et de l'esprit. Aussi, lorsqu'un guignoliste ne possède pas le don de l'improvisation, qu'il se contente de réciter consciencieusement le texte de ses pièces sans rien y ajouter et sans rien y modifier, dès lors, s'il n'éblouit pas son public par une imagination fertile, il sera certain de lui laisser un excellent souvenir de sa bienséance.

III

LA VOIX

Pour incarner parfaitement les personnages qu'on met en scène, il faut bien se mettre dans la peau de ceux-ci et modifier sa voix selon que c'est tel ou tel bonhomme qui parle. Maintenant, pour accorder les gestes de ces personnages avec les paroles qu'on prononce, il n'y a qu'à se figurer qu'on est soi-même en scène et que les gestes des marionnettes sont les nôtres au naturel.

Bien que nous n'ayons pas parlé de la voix dans nos

précédents chapitres, c'est pourtant la question la plus délicate et peut-être la plus embarrassante pour les guignolistes amateurs. Mais, avec un peu de travail et d'observation, on acquiert assez rapidement un nombre suffisant de voix différentes et caractéristiques.

Supposons qu'un bourgeois quelconque et madame Pipelet sont en scène, on comprend sans peine qu'il est impossible de donner la même voix au bourgeois qui est un homme, à madame Pipelet qui est une femme. Si c'est un gendarme qui parle, il est évident qu'il doit avoir la voix d'un vrai pandore et qu'il doit rouler terriblement les R, surtout lorsque cet honorable représentant de l'autorité manifeste sa colère et son indignation contre le petit Nicolas, le fils à Guignol, qui lui fait toutes les farces imaginables. Si, au contraire, c'est Nicolas qui prend la parole, celui-ci doit avoir la voix convenant à un enfant de son âge. Bref, pour obtenir le maximum d'illusion, il faut autant qu'on peut, adopter une voix distincte pour chacun des personnages qu'on fait parler tour à tour. Grâce à cette juste et intelligente repartition des voix, on transformera le plus insignifiant dialogue en une séduisante comédie qui charmera et soulèvera toujours les applaudissement de l'auditoire le plus difficile à satisfaire.

IV

L'ŒIL DU THÉATRE

Tous les théâtres guignols sont percés, à la hauteur des yeux du guignoliste, de petits trous recouverts d'une gaze très fine. C'est l'unique communication que l'opérateur doit avoir avec ses spectateurs. C'est par cet observatoire qu'il juge les effets produits sur eux par le jeu de ses personnages, car on ne doit jamais perdre son public de vue pendant toute la durée de la représentation. C'est une façon de lui tâter le pouls ! S'il est froid, quelques saillies ou quelques coups de bâtons arrivant à propos, amèneront le degré de gaieté voulu. S'il est trop exubérant, un léger temps d'arrêt ou quelques mots bien placés amèneront la détente désirée. En résumé, le guignoliste doit toujours être maître et dominer son public. Il doit pouvoir le faire rire ou lui imposer silence à volonté.

V

LE PEINTURLURAGE

J'ai dit, pour peindre les personnages, qu'on employait indifféremment la peinture à l'eau ou à l'huile. Cependant, si la peinture à l'huile est préférable pour les bonshommes qui ne sont pas appelés à être bâtonnés, la peinture à l'eau est beaucoup plus pratique pour les autres, car lorsqu'un personnage est malpropre ou abimé et que le temps fait défaut pour le repeindre en entier, il suffit de mouiller un tant soit peu la partie détériorée et de la frotter légèrement avec le doigt pour colorer à nouveau et rendre immédiatement invisibles les traces des plus forts horions et les marques des coups les mieux appliqués.

L'usage apprendra mieux que je ne saurais le faire, comment on procède pour peindre et donner aux personnages la physionomie voulue. Cependant, pour faciliter encore cette tâche, disons qu'on prépare les couleurs principales dans trois petits godets. Le premier de ces godets contient une teinte couleur « chair », qui s'obtient en ajoutant à du blanc délayé, une pointe de jaune et de rouge. Le deuxième godet contient du noir dont on se sert pour souligner les yeux et indiquer légèrement les sourcils. Le troisième contient du rouge pour teindre les lèvres, colorer les joues et accuser les nez plus ou moins rubiconds. En général, il vaut mieux que les personnages aient le visage un peu trop illuminé que trop pâle. D'abord, ils se salissent beaucoup moins et, à la scène, l'illusion est meilleure.

Ce qu'il faut pour jouer Guignol

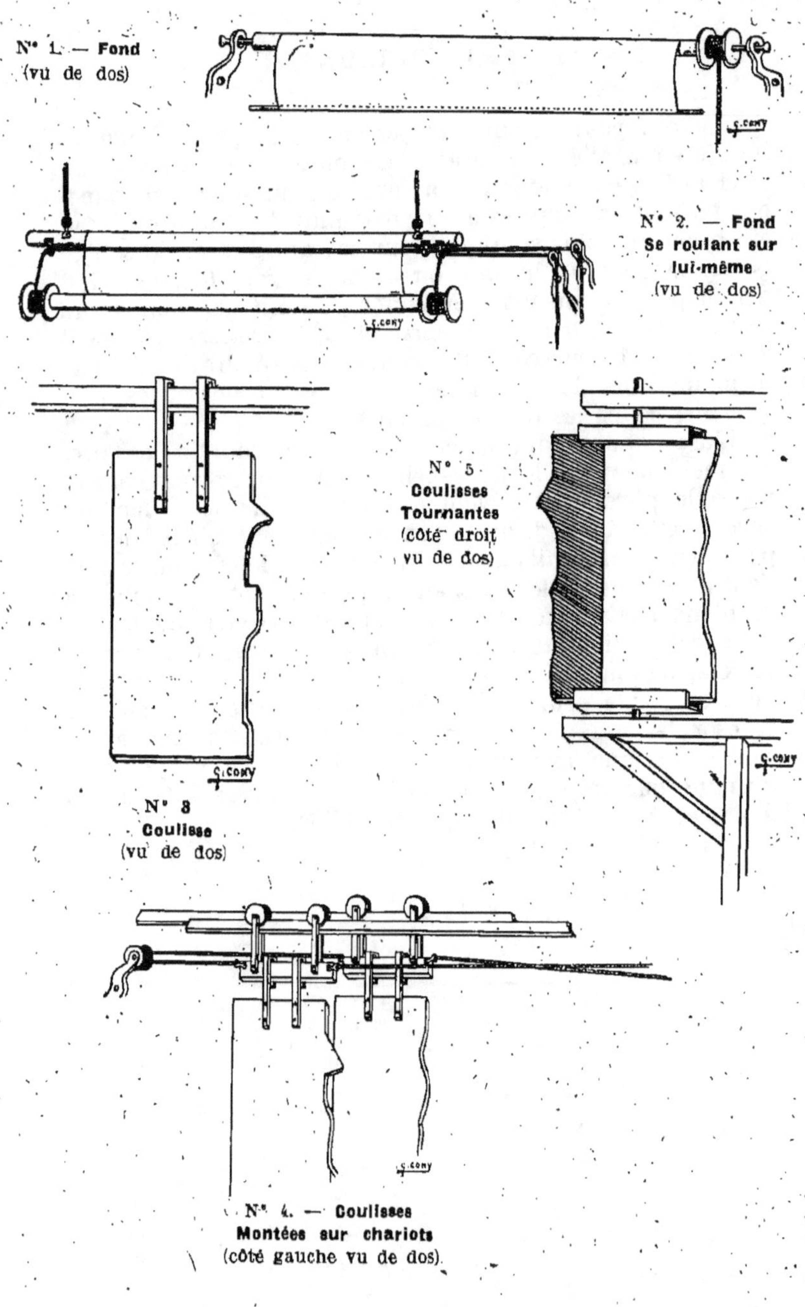

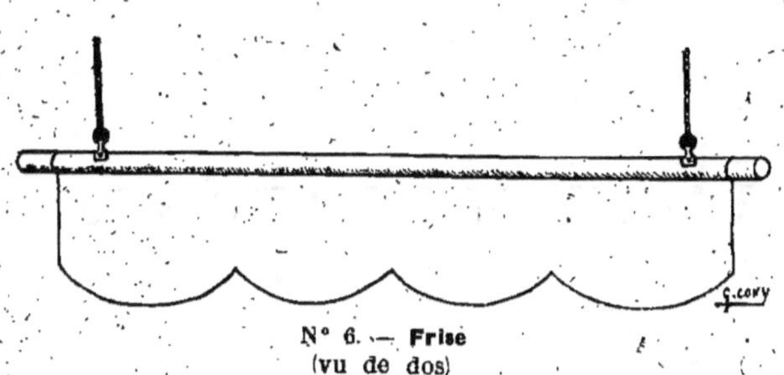

N° 6. — Frise
(vu de dos)

N° 7. — Comment
on manœuvre
un personnage

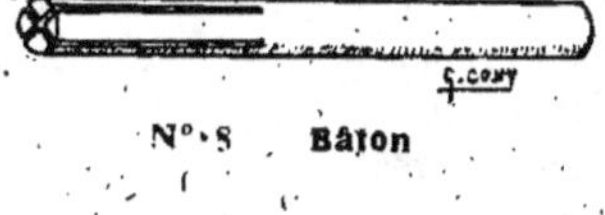

N° 8 — Bâton

N° 9 — Pratique

La Troupe de Guignol

TABLE DES MATIÈRES

	Pages
AUX LECTEURS	3
LES COULISSES DÉ GUIGNOL :	
I. Le Théâtre	5
II. La Scène	6
III. Les Décors	7
IV. Les Personnages	10
V. Les Accessoires	12
VI. Les Pièces	13
VII. Le Guignoliste	15
COMMENT ON JOUE GUIGNOL :	
I. Le Jeu	17
II. Le Texte	18
III. La Voix	19
IV. L'Œil du Théâtre	20
V. Le Peinturlurage	21
CE QU'IL FAUT POUR JOUER GUIGNOL	22

ARTISTIQUE-REVUE

ORGANE OFFICIEL DE "NOS MARIONNETTES"

A. COURMES
Directeur
17, Rue de la Paix, 17
NICE

ENVOI
d'un Numéro Spécimen
contre
0.60 centimes

Guignol-Poilu.

"NOS MARIONNETTES"
ŒUVRE DE PROPAGANDE ET DE PERFECTIONNEMENT

Président-Fondateur : GASTON CONY

Siège de l'Œuvre : "GUIGNOL DE LA GUERRE"
Parc des Buttes-Chaumont (Porte Bolivar) - PARIS - 19ᵉ art.

Secrétaire général : Jean Émile BAYARD

Pour tous Renseignements, Adhésions :
F. MAUET, Délégué pour la Côte d'Azur. — Avenue de la Gare, 59, à NICE

Afin que Guignol reprenne aussitôt après la guerre un nouvel essor, M. Gaston Cony vient de fonder une œuvre très utile de propagande et de perfectionnement, intitulée : "Nos Marionnettes" dont le siège est fixé à Paris, au "Guignol de la Guerre", Parc des Buttes-Chaumont (Porte Bolivar).

Cette œuvre a pour but :

De grouper, sans distinction de rang ni d'opinion, tous les professionnels, amateurs et admirateurs de nos belles marionnettes nationales, en vue de faciliter et d'encourager leur développement.

De faire connaître les œuvres anciennes et de représenter, après examen, celles de ses principaux membres.

D'étudier en commun les mesures à prendre et les modifications et améliorations à apporter.

De secourir les marionnettistes malades ou dans le besoin, etc., etc., etc.

Tous les membres de "Nos Marionnettes" doivent être Français.

L'admission à "Nos Marionnettes" est absolument gratuite. Il n'est versé aucune cotisation.

Tous les membres de "Nos Marionnettes" reçoivent une carte spéciale les attachant officiellement à l'œuvre. Ils sont tenus au courant de tous les événements susceptibles de les intéresser.